LINGUAGEM CORPORAL

Como Melhorar Seu Relacionamento Com O Uso
Da Linguagem Corporal Secreta

(Como Entender A Mente Do Outro)

Dave Perez

Traduzido por Daniel Heath

Dave Perez

Linguagem Corporal: Como Melhorar Seu Relacionamento Com O Uso Da Linguagem Corporal Secreta (Como Entender A Mente Do Outro)

ISBN 978-1-989837-28-3

Termos e Condições

todos os direitos autorais não detidos pelo editor.

Aviso Legal:

Este livro é protegido por direitos autorais. Ele é designado exclusivamente para uso pessoal. Você não pode alterar, distribuir, vender, usar, citar ou parafrasear qualquer parte ou o conteúdo deste ebook sem o consentimento do autor ou proprietário dos direitos autorais. Ações legais poderão ser tomadas caso isso seja violado.

Termos de Responsabilidade:

Observe também que as informações contidas neste documento são apenas para fins educacionais e de entretenimento. Todo esforço foi feito para fornecer informações completas precisas, atualizadas e confiáveis. Nenhuma garantia de qualquer tipo é expressa ou mesmo implícita. Os leitores reconhecem que o autor não está envolvido na prestação de aconselhamento jurídico, financeiro, médico ou profissional.

Ao ler este documento, o leitor concorda que sob nenhuma circunstância somos responsáveis por quaisquer perdas, diretas ou indiretas, que venham a ocorrer como resultado do uso de informações contidas neste documento, incluindo, mas não limitado a, erros, omissões, ou imprecisões.

Índice

Parte 1

Introdução

Você não percebe a existência da sombra corporal na maior parte do tempo. Você não sabe o que acontece com ela quando você dorme. Não importa onde esteja, o que faz, sua sombra está fazendo a mesma coisa.

Dificilmente você considera como usa gestos manuais, olhos, postura corporal, toque e espaço, ainda assim estes são jeitos poderosos de comunicar através de linguagem corporal o tempo todo.

Quando o assunto é comunicação efetiva, nada funciona a favor das relações humanas melhor que a combinação de comunicação verbal e não verbal para se entender. Qual a diferença entre essas duas formas de comunicação?

Tem uma grande diferença entre essas duas formas de comunicação. Porém, o propósito final é de dividir ideias, pensamentos e emoções. Esse livro demonstra a importância da comunicação por linguagem corporal nas relações humanas. Você aprenderá:

Como Linguagem Corporal Influencia comunicação Humana

Como Internalização Impacta na Comunicação Externa da Linguagem Corporal Humana

ComoUtilizar Cinco Elementos da Linguagem Corporal em Comunicação

Como o Sistema dos Sete Sinais traz Comunicação Efetiva fechando o Círculo

Esse livro é dividido em três seções. Seção um; capítulos 1-2 lidam com a linguagem corporal através de comunicação verbal e não verbal. Apesar da ênfase desse livro ser na comunicação não verbal, esse capítulo mostra como três aspectos da vida humana, físico, psicológico e espiritual influenciam o resultado da comunicação verbal e não verbal.

Seção dois nos capítulos 3-5 discute-se os cinco elementos da comunicação por linguagem corporal humana.

Seção três no capítulo seis detalha a importância da resposta na comunicação. O capítulo final apresenta o Sistema dos sete sinais que traz comunicação efetiva fechando o círculo.

Esse livro dará uma vantagem para melhorar comunicação por linguagem corporal nos negócios, saúde e fitness, desenvolvimento pessoal, profissional e de carreira.

Quando foi feita a revisão deste livro, foi difícil escolher entre os capítulos, um que se destacasse sobre os outros. Todos os sete capítulos contém dicas fascinantes sobre comunicação por linguagem corporal.

Este é um livro que deveria estar em bibliotecas, tanto individuais, quanto institucionais. Em cada capítulo e tópico têm exemplos práticos para ilustrar, comparar e contrastar o tópico de discussão e apresenta um resumo do conteúdo apresentado em cada seção contida nos capítulos.

A razão pela abordagem desse resumo é colocar o material de comunicação por linguagem corporal em cada seção, como uma unidade.

Capítulo 1: Além da Comunicação por Linguagem Corporal

No reino animal, comunicação possui a forma verbal e a não verbal. Comunicação não verbal, a ênfase desse livro, é expressa entre animais através do atrito em postes e árvores, nos quais eles dão e recebem informações uns com os outros.

"Atenção pessoal, caçadores ilegais à frente." Esse é um tipo de comunicação não verbal que os animais compartilham em postes. Se a árvore é cortada e levada embora, o sinal de aviso e o odor se perdem. Animais passando pela mesma rota não estariam atentos do perigo. Poderia significar a extinção de uma espécie de animal.

Por outro lado, seres humanos usam palavras como guia, instrução e aviso. Seres humanos se comunicam verbalmente através de palavras e não verbalmente através de linguagem corporal. Na maioria dos casos uma combinação dos dois é usada nas relações humana. Por definição, "Comunicação é uma troca, um compartilhamento mútuo de pensamentos, atitudes, emoções e informações", David Hesselgrave escreveu em "A comunicação transcultural do evangelho".

Essa é a definição trabalhada nesse livro, adotada para demonstrar Como a Linguagem Corporal Influencia Comunicação Humana. Mas primeiro você precisa entender a diferença das duas formas de comunicação verbal e não verbal.

Comunicação verbal e não verbal

1. Comunicação Verbal

Comunicação verbal é a forma mais velha e mais comumente usada. Em uma tradição oral como na África, um grande volume de palavras flui diariamente para compartilhar ideias, pensamentos e emoções.

Um bom contador de histórias mantem o ouvinte em expectativa do acontecimento através de figuras imaginárias pintadas pelas palavras da história.

Suspense induz a virada de páginas do livro. Suspense é parte da arte de contar histórias e efetiva a comunicação tanto oral, quanto escrita. Você se espantaria da rapidez que as palavras mudam de significado em diferentes culturas através dos séculos

Por exemplo, se você pensa "Alice" é simplesmente um nome de garota, você está para aprender que o termo significa muito mais.

ACE não é apenas o nome de uma empresa de publicidade. Significa muitas coisas, inclusive *Aero Space Control Environment* (área de controle aeroespacial). Nos anos recentes esse termo vem sido utilizado em *coaching* de vida em relação à preparação para entrevistas de emprego.

2. Comunicação não verbal

Linguagem corporal não é uma forma isolada do processo de comunicação. No capítulo sete você aprenderá do Sistema dos sete sinais que traz comunicação efetiva fechando o círculo.

Neste primeiro capítulo e no decorrer do livro, você será introduzido a três Comunicações por linguagem Corporal diferentes. Terá detalhamentos de três classificações de comunicação por linguagem corporal na seção dois desse livro nos capítulos 3-5.

Linguagem corporal consiste de três aspectos da vida humana, assim como de ambiente. Esse livro guia ao entendimento da importância da comunicação por linguagem corporal e além.

Além da Comunicação por Linguagem Corporal

Linguagem Corporal tem sido o tema de debate e pesquisa ao longo dos anos. Você não percebe o quão diferente sua vida é até que entra em contato com outras culturas. O foco de pesquisa ao longo dos anos nesse tema tem sido duas áreas:

1. Significância da linguagem corporal na comunicação.

2. Significados separados dados aos diferentes movimentos corporais em culturas distintas.

8

Muito tem sido realizado, mas estudos na comunicação por linguagem corporal continuam a desenvolver e revelar novas descobertas para melhorar as relações humanas através de comunicação efetiva.

Movimentos corporais associados a comunicação são estudados em "Cinética", que simplesmente significa "o estudo de gestos no movimento corporal como no piscar, encolhimento de ombros, e aperto de mãos...", Dicionário Collins.

Sigmund Freud, o homem creditado com vários estudos nessa área escreveu: "nenhum mortal mantem segredo. Se seus lábios são silenciosos, ele fala com os dedos; traição escorre dele em cada poro". Freud e outros pesquisadores descobriram mais de 135 significados de gestos e expressões de comunicação por linguagem corporal através da face, cabeça e posturas corporais.

Milhares de posturas são disponíveis para seres humanos. Todos traçam seu significado na cultura. Pode se dizer que linguagem corporal é universal. Por outro lado, no que se refere aos diferentes significados dos movimentos corporais, é necessário limitar o significado de linguagem corporal a apenas uma cultura.Alexander Dumas, o autor de "Os Três Mosqueteiros", observou que "Italianos não só falam a língua italiana, eles gesticulam em italiano". Essa verdade testada pelo tempo é replicada por vários grupos de sociedade. No Quênia, por exemplo, o passar a mão pela boca significa que o trabalho está feito. O mesmo passar de mão pela boca pode significar outra coisa em outra cultura.

Você já assistiu filmes com legendas: o que você faz para coordenar a linguagem corporal com as legendas na tela? Em vários casos, dublagem ecoa os sentimentos do personagem, mas a gesticulação pode significar diferentes coisas e não apoiar as palavras na legenda na tela da televisão.

Como Três Aspectos da Vida Humana Influencia Linguagem Corporal

Você prefere acreditar no que vê ao que não vê. Essa é a ênfase colocada na frase "o que você vê, é o que você tem". Você imagina cristãos devotos que pregam e ensinam sobre a separação do corpo e da alma não possuem dificuldades em diferenciar os três aspectos da vida humana. Você pensa que os cristãos já têm a resposta.

Nem todos. Você não precisa prova spiritual ou científica para ver a diferença dos dois aspectos espiritual e físico. Se você tem dificuldade vendo o ser humano como três em um organismo vivo, um espelho de corpo inteiro vai resolver.

Esse livro começa com o exemplo de uma sombra humana. Essa é sua deixa e sua chave para entender separação e junção dos três aspectos da vida humana.

Não erre

Você é físico, psicológico e espiritual em natureza. Você não é mais um ser físico tendo experiência espiritual e psicológica.

Qual parte sua veio a existir antes da outra, o corpo ou o espírito?

Separado e junto

Você sabe que a vida humana está no corpo, mas não faz parte do corpo. Vida está no espírito. O corpo é um veículo que através do espírito invisível é manifestado no mundo físico. Os três aspectos da vida humana físico, psicológico e espiritual são simples e diretos para entendimento, ainda assim muitos o perdem. "É o espírito quem dá a vida; a carne em nada se aproveita...," a palavra segundo João 6:3 afirma. Mas isso é somente se você acredita no sobrenatural e sendo Deus o criador de todos os seres vivos. Como você pode diferenciar entre estes três aspectos humanos, interno, externo e intelecto?

1. Eu interno

Olhe no espelho. A face olhando de volta se assemelha com seu físico e age de maneiras semelhantes as suas. Ainda assim, você e sua sombra são estranhos um ao outro em várias formas.

A imagem no lado oposto do espelho vai lhe encarar de volta com um ponto de interrogação na sua face,

"Quem é você?" Você quase pode escutar o som do silêncio do seu eu invisível lhe perguntar.

"Onde já te vi antes?" Não se preocupe em perguntar sua sombra. Vocês dois têm estado juntos o mesmo tempo que você está vivo em seu corpo físico. Você ainda não entende. Dificilmente reconhece a imagem no espelho, muito menos associar esta imagem como uma parte, uma parcela de você. Você só não temprestado atenção para a conectividade e interconectividade entre seu eu interior e exterior. Se já o fez, a pessoa interior dentro do espelho não pareceria ou agiria estranhamente.

2.   Eu externo

Você vê, toca, cheira e sente coisas. Você não consegue ver, tocar ou cheirar algumas coisas, mas assim mesmo elas estão ali. Você é três em um só. Sua personalidade interna e a externa são como dois lados da moeda. Você não pode ter um sem o outro. Entre eles está o intelecto, o aspecto psicológico que faz a conexão entre essas duas personalidades possível.

A personalidade interna reside no corpo físico o que é a pessoa externa. A pessoa interna é a parte invisível de sua personalidade. A pessoa interna é referida como subconsciência e a externa referida como consciência. A pessoa interna é presa na limitação de um corpo. Fisicamente você só pode estar em um lugar em determinado tempo. Espiritualmente você pode se encontrar em diferentes lugares simultaneamente.

Imagine o estudante na sala de aula, mas ausente na mente. O professor não tem ideia de onde a mente do estudante está. O estudante presente na sala no corpo físico, mas ainda assim a mente pode ser transportada para a tarde anterior quando saía com os amigos.

A pessoa interna pode viajar para a Austrália, enquanto o corpo está adormecido nos Emirados Árabes Unidos. A distinção entre pessoa interna e externa é tão enunciada, mesmo assim muitos não percebem ou levam em consideração e esse é o segredo para entender a comunicação por linguagem corporal efetivamente que esse livro discute.

Você quer saber a dificuldade de separar personalidades da consciência e da subconsciência (interna e externa). Tente se separar da sua sombra.

3. Vivendo de dentro pra fora

Você raramente pensa em viver a vida de dentro pra fora. Você simplesmente assume que aquilo que você vê no mundo físico é sua vida. Dificilmente você reflete que o que está do lado de fora é o que vem de dentro. Pense numa árvore. Você vê vida numa árvore nas suas folhas verdes. Folhas estão do lado de fora ao alcance dos olhos. Mas a vida da árvore está dentro dela.

O mesmo acontece na vida humana. A vida verdadeira está dentro do eu invisível. Sua manifestação está por fora no mundo visível (físico). Mesmo assim, sem o invisível, o visível não existiria.

Se você entende a árvore, a vida humana engloba o físico, psicológico e espiritual, você também entenderá como esses três afetam comunicações internas, o tema do nosso próximo tópico no capítulo 2.

Capítulo 2: Como a Comunicação Interna Influencia a Linguagem Corporal

"Todos sabemos hoje que comunicação é essencial para o melhoramento econômico, social e político dos seres humanos", Sr. Gerald Cross, Secretário Geral da União de Telecomunicação Internacional no discurso em 1965 no Amateur Radio e conferência da União Internacional em San Jose, Califórnia, em 4 de Julho.

Você pode adicionar psicológico e espiritual para trazer efetividade na comunicação humana num círculo fechado. Cinco décadas de memórias desde os dias distantes de descobertas tecnológicas em comunicação, a linguagem corporal continua confundindo especialistas em todas as indústrias. Quanto da linguagem corporal você usa no trabalho, em encontros sociais, negócios e em casa? Você não saberia precisamente o quanto a não ser que entendesse a conectividade e conexão das vidas dos seres humanos.

Conectividade e Conexão

Você já leu sobre a lei da atração. Você já ouviu sobre telepatia – "comunicação entre duas pessoas diferentes em forma de pensamentos". Nenhuma dessas formas de compartilhamento de pensamentos e ideias seria possível se você não fosse um ser físico, psicológico e espiritual por natureza. Qual a conexão entre esses três aspectos com a vida humana?

Conectividade de pensamento acontece no mundo invisível. Aqui é onde pensamentos, sentimentos e emoções são formados. A demonstração aparente é manifestada no mundo físico através do corpo.

Todas as ações do mundo físico são governadas pelas leis da natureza. Refresque sua memória na distinção entre os três aspectos humanos: físico, psicológico e espiritual discutidos no capítulo dois desse livro, se precisar dele.

Teorias da Criação

Conectividade e interconectividade entre plantas, animais e seres humanos tem origem na fonte original – Ser Sobrenatural que muitos se referem como DEUS. Isso é, se você acredita na teoria criacionista como originária do universo. Porém, se você acredita na teoria evolucionista como verdade, você tem muitas explicações a fazer.

Você não precisa de provas científicas para acreditar que há harmonia no universo. Simplesmente veja as plantas e a vida humana. Como isso é possível? Tente se separar do físico e se conecte ao psicológico – espiritual. Você precisa suspender as suposições monótonas que leu em livros e ouviu em palestras. Seu olhar de entendimento é capaz de capturar e presenciar figuras de um universo perfeito além do horizonte no teatro da sua imaginação, se não se importa.

Olhar de Entendimento

Você descobre que o céu não é o limite, mas uma distância até onde seus olhos chegam. Seu "olhar de entendimento" espiritual é capaz de penetrar o azul profundo do céu para trazer a mente sons e visões de um mundo além e conectar suas experiências físicas e psicológicas ao mundo espiritual e a galáxia.

Ciência fez muitas descobertas e abriu janelas ao desconhecido. Ainda assim as descobertas científicas não se comparam com a ingenuidade de Deus em trazer a existência de vidas e combinando as almas aos corpos humanos.

Já ouviu do avanço científico de fazer espermatozoides e óvulos? Bancos de esperma não teriam valor se a ciência pudesse criar vidas. Seres humanos não podem confiar na pesquisa científica para manufaturar espermas (como se fosse possível). Quem quer reinventar a roda?

Ciência e Tecnologia

Claro que a tecnologia para preservar e fertilizar óvulos que são implantados no útero está disponível. Mas é o máximo que se atinge. Esperma e óvulo são manufaturados pelo corpo.

A vida humana ainda espanta cientistas, porque somente Deus sabe a receita. Ele, somente, retém a patente da vida e zelosamente a guarda. Ninguém possui acesso a patente e essa é a razão que somente Deus combina os corpos às almas.

Não importa a teoria que você escolher, se criacionista ou evolucionista, não muda os fatos da conectividade entre as coisas vivas. Se você precisa de prova, olhe em volta na natureza. Você não pode negar a conexão entre você e os animais, as plantas, a vida marinha e os pássaros no ar. Você pode aceitar isso como fato sem entender todos os detalhes.

Plantas, animais e seres humanos compartilham um ancestral comum com todas as coisas vivas, pássaros no ar, peixe e insetos. Ainda assim você é especial e único assim como sua comunicação por linguagem corporal.

"Um indivíduose mantém um indivíduo não só do nascimento a morte, mas muito antes de nascer, e muito depois de morrer", como observou Joel Goldsmith – autor de "O Caminho Infinito".

Como a Singularidade Individual Influencia na Comunicação por Linguagem Corporal

Singularidade individual pode não ser tão enunciada e manifestada no spiritual quanto no mundo físico. Mas mesmo com as raras provas de fato, a singularidade humana individual é verdadeira no mundo físico.

"Ninguém é capaz de reproduzir minha pincelada, ninguém é capaz de repetir as marcas de meu cinzel, ninguém é capaz de reproduzir minha caligrafia", dizia OgMandino em "Os dez pergaminhos". Nada é melhor que saber que você é uma obraprima da criação.

"Num ninho quebrado não há ovos inteiros", já dizia um provérbio chinês. Essa citação demonstra uma figura de desarmonia no universo. Porém, a existência de fios invisíveis de poder que segura e mantém todas as coisas em harmonia perfeita é inegável. Esses fios são demonstrados através de sete características que faz a comunicação por linguagem corporal possível.

Sete Características da Comunicação por Linguagem Corporal

1. Impulsivo

Comunicação é dinâmica. É um processo contínuo. Move-se pra frente e pra trás do remetente ao recipiente e vice-versa na forma de resposta. Você lerá sobre essa resposta no capítulo seis. Seres humanos mudam, assim como os padrões de comunicação e interpretação da comunicação por linguagem corporal de um lugar para o outro.

2. Interativo

Comunicação ocorre entre pessoas. No caso de comunicação interna no capítulo dois, envolve três aspectos da vida humana: físico, psicológico e espiritual. Refira-se a este capítulo para conhecer a consciência, subconsciência e o intelecto na comunicação por linguagem corporal.

3. Indefinido

Comunicação produz resultados positivos ou negativos.

4.   Irreversível

Um provérbio chinês diz "Uma palavra duramente dita não pode ser trazida de volta, mesmo com uma carruagem de quatro cavalos". Na emoção do momento você usa comunicação violenta improdutiva, somente para se arrepender de ter usado aquelas palavras tão duras.

Palavras faladas imprudentemente demonstram falta de controle. No caso da comunicação interna é a desilusão. Em comunicação interpessoal é a demonstração de suas ações.

Outro provérbio diz "Falar sem pensar é como atirar sem mirar". A Bíblia diz "Uma resposta suave transforma uma ira".

5.   Envolvimento

Comunicação entre as personalidades consciente e o subconsciente trabalha em harmonia para produzir resultados na vida. Os dois puxando para lados opostos somente criam conflito, crescimento atrasado e desaceleram a vida.

6.   Comprometimento aumentado

Quanto mais você engaja sua mente no pensamento positivo, mais pensamentos positivos ficam ao centro na sua mente e mais chances você cria para exibir linguagem corporal positiva.

7.   Contexto – Comunicação não tem significado isolada do ambiente

Tudo dito e feito, comunicação não tem lugar no vácuo.

Resumo da Seção Um

O capítulo um explica a distinção entre comunicação verbal e não verbal baseado em fatos pesquisados. Esse capítulo também é uma janela para ver o capítulo seis demonstrando que comunicação efetiva vai muito além de verbal e não verbal para incluir os três aspectos da vida humana: físico, psicológico e espiritual.

Esses três aspectos da vida humana influenciam comunicação interna o que passa através do sinal dos sete sinais discutidos no capítulo sete.

Seção 3
Como Linguagem Corporal se Encaixa no Padrão Ideal de Comunicação

Todos os movimentos corporais têm significados. Contudo, os significados mudam de lugar para lugar, de cultura para cultura, país para país e continente para continente. Existem três classificações distintas notáveis usadas na maioria dos casos na linguagem corporal. Essa seção do livro explora as três classificações de comunicação por linguagem corporal.

1. Físico – Coçando, piscando, alongando, bocejando são movimentos externos mais comuns.
2. Psicológico – Intelecto.
3. Social – Toque.

Ler sobre a classificação do físico em coçar, piscar e alongar no capítulo três. Engaje seu intelecto com *insights* psicológicos sobre linguagem corporal no capítulo quatro e reconheça com a comunicação por linguagem corporal no capítulo cinco.

Quando comunicação verbal não funciona, como acontece muitas vezes em nossas vidas, a linguagem corporal oferece uma alternativa de escape para criar entendimento entre as pessoas. Quer você use as mãos, braços, cabeça, tronco, todos os movimentos corporais comunicam mensagens.

Você leu como os três aspectos da vida humana físico, psicológico e espiritual influenciam na comunicação por linguagem corporal no capítulo dois. A ênfase no decorrer desse livro é na comunicação por linguagem corporal. Porém, não se pode ter linguagem corporal, sem um corpo.

Você é um ser humano físico. Você também é um ser psicológico e social. Esses três aspectos da vida humana influenciam na comunicação por linguagem corporal.

Na primeira seção do capítulo um e dois você leu sobre a conexão desses três aspectos da vida humana: físico, psicológico e espiritual. A ênfase na comunicação por linguagem corporal nesses capítulos é individual. Nos próximos capítulos, 3, 4 e 5 aprofunda nas três classificações distintas de comunicação por linguagem corporal – físico, psicológico e social. Vamos iniciar nessa seção com os apoios físicos na comunicação por linguagem corporal.

Capítulo 3: O Físico Põe a Linguagem Corporal em Perspectiva

Você é limitado quanto a mudanças no seu corpo físico. Os equipamentos naturais do corpo se mantêm os mesmos.

MaharashiMahishYogi tem 1,5 metros de altura, mas isso não o impediu de ter muitos seguidores numa cultura em que a pessoa que está na estatura média é alta.

Atratividade física, confiabilidade, altura, coloração da pele, tudo contribui para uma imagem de sucesso na sociedade contemporânea. Porém, alcançar sucesso vai além das características físicas até psicológicas e sociais. Também inclui o aspecto espiritual da vida humana.

Comunicação efetiva leva outros fatores em consideração além de estatura e aparência física. Você não precisa de habilidades especiais para saber a diferença entre africano e branco americano. Você não conseguiria diferenciar um africano de um branco americano pelo tom de voz se a pessoa estiver atrás de uma parede. Mas todos são únicos independente de cor, crença ou comunidade.

Nessa segunda seção do livro, pega a sugestão dos três aspectos da vida humana discutidos no capítulo dois para mostrar como as pessoas elevam três tipos de parede em volta delas para proteção.

O capítulo explica o papel, lugar e espaço, espaço pessoal em colocar a linguagem corporal em perspectiva.

Espaço não é só importante na política, espaço pessoal tem um lugar na maneira que as pessoas se comunicam todos os dias.

1. Paredes Físicas

Você vê as paredes de pedra e tijolo em volta das casas por segurança.

2. Paredes Psicológicas

Você não pode aplicar violência em alguém que esteja urinando no chão, pois vocêseria acusado de violência física. Mas você pode apelar para seu intelecto com uma placa escrito: "Não urine aqui".

3. Paredes Sociais – Contato Corporal

Sociedades têm paredes psicológicas construídas sobre crenças e tradições. Essas três classificações de comunicações por linguagem corporal são discutidas em detalhes na seção dois desse livro nos capítulos 3, 4 e 5.

- Espaço Pessoal

O lugar e espaço do pai a poltrona é central na casa. Esse é o onde o homem da casa senta para ditar regras e manter a ordem. O domínio da mulher é a cozinha. A posição dela é definida por aquela posição de poder.

Instruções de dança incluem ganhar conhecimento sobre o seu espaço pessoal e o do seu parceiro. Quando você vê aulas de dança nos filmes, você pouco presta atenção ao papel do espaço parcialmente porquê não é parte da história principal.

No filme "Dirty Dancing – Ritmo Quente", o espaço pessoal não só é explicado pelo instrutor, é mostrado com linguagem corporal.

Você precisa saber da existência do espaço individual no estilo salsa de dança e outros aspectos para entender e apreciar esse estilo. Qual a distância de um(a) secretário(a) ao seu chefe em um escritório? Não é a mesma distância de namorados na fila de um cinema ou teatro.

Espaço é determinado pela distância que você considera fora dos limites para estranhos em uma conversa. Mas isso vai além de estranhos ou conhecidos. Pais, amantes, vizinhos, todos têm seu espaço pessoal. Essa distância imaginária é atribuída e aceita pela cultura que comunica o papel do espaço pessoal na comunicação por linguagem corporal.

Essa distância varia de um grupo lingual para outro. Ainda assim a distância forma uma parte significante da comunicação por linguagem corporal. Você manda sinais e ondas de choque para todos a sua volta pelo jeito que você anda, fala e através de outros movimentos que envolvem movimentos.

- Lugar e Espaço

Espaço e lugar contribuem para comunicação não verbal em várias maneiras se você for observar com entendimento. Quem é seu vizinho? Observe cinco maneiras que os espaços e lugares são usados na vizinhança e como eles afetam a comunicação por linguagem corporal

Todo mundo precisa de bons vizinhos. Contudo, nem todos vizinhos se dão bem. Não há nada que você ou qualquer outra pessoa possa fazer a não ser aprender a conviver e coexistir com o vizinho. É mais possível escolher o sexo da sua criança do que o tipo de vizinho que você terá nos dias de hoje.

Você deseja quer mudar de casa devido à atitude detestável do seu vizinho mais próximo. Infelizmente casas para se alugar são poucas. Mudar de casa também vem com muitasoutras complicações como novas escolas para as crianças, transporte, segurança, e disponibilidade de serviços como água e eletricidade. Vizinhos ruins são um preço pequeno a pagar em comparação com todas as inconveniências que trazem a sua família devido a proximidade de espaço. Existem três tipos de vizinhos que você quer evitar

1. Vizinhos Mais Próximos

Crianças mimadas irão atingir sua casa com pedras, quebrar os vidros novos da janela que você trocou no dia anterior e pintar suas paredes com vulgaridades. Ao tempo que a pedra chega ao seu sofá, a criança desapareceu.

Essas crianças reconhecem problema de longe. Quando você chega do lado de fora, exalando raiva em um lugar, agora, vazio. A criança voltou para sua residência e já está sentado tomando um copo de leite frio.

2. Vizinhos com Paredes em Volta da Casa

As paredes são construídas em volta de uma casa para aproveitar a privacidade e evitar os vizinhos. Você pode não ter contato visual com seus vizinhos de tempo em tempo, mas certamente os ouvirá gritando um com o outro o tempo todo e isso pode afetar seu psicológico.

Contato visual é importante na comunicação. O significado de contato visual é derivado da cultura. Dois árabes olham um para o outro nos olhos durante uma conversa; os Hausa da Nigéria não, enquanto os americanos olham em várias direções com o contato visual casual. O que essesgestossignificam?

Não há um significado específico universal para a interpretação dos gestos. Qualquer um que te diga que existe ainda não viajou o suficiente para notar os modos diferentes que os movimentos corporais são usados para diferentes propósitos na comunicação de diversos lugares.

3. Vizinhos que Amam seus Animais

O cachorro do seu vizinho deixa sua varanda com um cheiro irritante de fezes. É como se o dono treinou o seu pastor alemão a fazer exatamente isso. O jeito que o cão olha para você assustaria qualquer um que o visse.

Você tenta se mover pra perto do animal, como tentou antes e ele rosnou ferozmente e quase avançou em você. Tudo o que você pode fazer é falar com o vizinho que responderá "Fale com o cachorro, é ele quem está sujando sua varanda, não eu".

4. Vizinhos Territoriais

Quem é dono do espaço acima da terra? Mantendo a rivalidade a guerra fria se manteve por anos por causa da briga pela supremacia de espaço sobre a União Soviética e Estados Unidos ao que concerne a exploração espacial. O que isso sugere? Como conquistar o espaço afeta os indivíduos? O que essa briga nos comunica? Conflitos territoriais, guerras, indignação são algumas manifestações da corrida pelo espaço.

Dinheiro pode comprar muitas coisas, mas não compra bons vizinhos. Ou você os tem, ou não. Você não pode fazer ou escolher seus vizinhos. É assim que tem sido desde tempos passados ao compartilhar territórios e lugares com seus vizinhos.

5. Linguagem Corporal Além do Ambiente Individual

Governos de países diferentes zoneiam suas áreas de voo. Ninguém mora lá em cima. É um espaço vazio pelo que se sabe e ainda assim é marcado e designado como sendo da União Soviética, EUA, EURO space, espero que africanos e árabes também tenham um espaço para chamar de seu também. E quanto às terras sem dono? Aquela faixa de terra na fronteira comum dos países, a quem pertence?

Capítulo 4: Visão Psicológica na Linguagem Corporal

Sua mente está acelerada antes de pisar no acelerador toda manhã e dirigir para o escritório. Você imagina os carros na frente, atrás, para-choque perto de para-choque. Você consegue até sentir o cheiro da fumaça do escapamento dos carros. Você literalmente gera seus próprios hormônios do estresse antes que o engarrafamento realmente aconteça no mundo físico

O que esperava? Você iniciou no teatro da sua imaginação todos esses cenários do jeito que aconteceria. Agora você está nessa situação do jeito que pensou que seria e não há nada que alguém ou você possa fazer para mudar a situação. Qual é a pressa?

O Tempo Espera por Ninguém

Ninguém quer esperar. Ninguém está feliz pela velocidade rápida da vida.

Você cria a situação na sua cabeça e com certeza vai acontecer no mundo físico do mesmo jeito. Isso é o que você quer que aconteça na sua vida diária? Não exatamente, mas ainda assim, a realidade está bem na sua frente. É essa realidade de todos os dias.

Até quando você vai cooperar com pressão auto infligida de chegar ao trabalho e ter a esperança de fazer um bom trabalho? Se voce for honesto, não será muito tempo. Mude o jeito que pensa e pare de criar situações imaginárias ruins em sua mente e viva no mundo físico. Isso é o que este livro fala sobre comunicação interna no capítulo dois. Tudo começa no corpo – por isso a comunicação por linguagem corporal. Voce está exposto ao impacto psicológico do tempo, contato visual e da comunicação por linguagem corporal da língua. Voce não tem tempo. Ninguém tem.

- O Tempo Fala

Tempo é dinheiro. O tempo espera por ninguém e também o tempo fala. Sua vida gira em torno do tempo. Você acorda e vai dormir no mesmo horário quase todo dia.

No meio tempo, seu dia é tomado por uma atividade atrás da outra.

Se você tem preocupação quanto a saúde e fitness, você sai para correr logo de manhã. Ir para o escritório leva tempo na parte da manhã. Você pausa para almoçar ao meio dia, trabalha até as cinco e termina o dia.

Você sabe o tempo exato de chegar em casa a tempo de jantar, então você passa no bar e toma uma saideira. Como o tempo se comunica através de linguagem corporal para influenciar sua vida em casa, na rua ou nos negócios?

1. Tempo no Ambiente de Casa

O ambiente de casa tem o horário do jantar as seis, notícias na televisão e uma taça de vinho antes de dormir.

O residente remoto rural no país de terceiro mundo compartilha um senso comum com a urgência de tempo de um CEO do Vale do Silício nos Estados Unidos. A única diferença é o uso e o significado dado por estas duas pessoas diferentes.

O CEO mantem o controle do tempo pelo seu relógio de pulso Pulsar. Se você acompanha as atualizações de relógios de pulso, você conhece ou já ouviu falar do Pulsar. Ele tem um cronômetro muito acurado, próximo a um décimo de segundo.

Sua vida é ordenada pelo tempo. Por exemplo, você não planejaria comprar cereais para o café da manhã de amanhã no meio da noite de hoje. Você tem sorte de ter lojas 24 horas abertas na sua localização. Em alguns países, as lojas fecham no fim do dia.

Países desenvolvidos veem o tempo diferentemente dos países subdesenvolvidos. No Ocidente, tempo é dinheiro. Um olhar no relógio diz muito se você está para se apresentar no lançamento de um novo produto ao mercado.

Nos esportes, um milésimo de segundo de uma largada queimada no atletismo pode custar uma vitória. No futebol, os últimos segundos são tão importantes quanto os primeiros minutos da partida. O significado do tempo é visto de formas diferentes.

- Chineses – Passado
- Ocidentais – Futuro
- Africanos focam nos incidentes passados pontuados na expectativa do futuro. Essas visões diferentes tem origem nas culturas. Em muitos países africanos, o mercado comanda a sequencia no tempo e nos eventos da semana. No Japão, os negócios levam tempo a serem fechados. Isso frustra os magnatas de negócios norte americanos que dependem do tempo

Os cronogramas não é um fator grande em comunidades orientadas por eventos. Reuniões marcadas para as de da manhã podem atrasar e começar duas horas depois e ninguém se preocupa com o tempo perdido. É o evento, a tarefa que manda no tempo. Pessoas geralmente relaxam e ninguém se incomoda. O tempo significa,

- Pontualidade – no mundo dos negócios, tempo é medido em segundos, minutos e horas. Em reuniões religiosas e sociais você nunca está atrasado, pois são comunidades não orientadas pelo tempo

- Quando você está em uma nova cultura, você poderia se ofender sem nenhuma razão por causa do tempo. A medida real do tempo é determinada pelo significado dado a ele pelo grupo local de pessoas residentes naquela comunidade.

Os residentes rurais dizem o tempo olhando para as sombras. E se o dia estiver nublado?

Duas Razões Que Justificam Que o Tempo Fala

Fabricantes de relógios caminham grandes distâncias para criarem um bom produto por duas razões. O relógio de pulso Pulsar tem alarme diário e uma temporização única que faz contagem regressiva e no sentido anti-horário para ter um tempo mais preciso.

É também o primeiro relógio que não precisa de bateria. E mais você pode ter dois fuso horários. Porque tudo isso?

- Significância do tempo na vida dos seres humanos.
- Discurso de venda – relógios de pulso Pulsar parece bom no papel e é ótimo usá-lo na pele.

Sociedades não ocidentais podem viver sem relógios e realizar o mesmo tanto em um mesmo dia. O mundo Ocidental tem toda uma razão para depender de relógios como um resultado da revolução industrial. A maioria dos não ocidentais nunca teve essa experiência e estão se esforçando e chegando na era da informação com o resto do mundo.

2.   Viagem no Tempo

Os ônibus vêm e vão no terminal do aeroporto internacional de Heathrow de cinco em cinco minutos de intervalo. O ônibus de chegada e partida são marcados de forma a coincidir com os voos que levam os viajantes. Aqueles que não andam em carros privados preferem ir de ônibus e aproveitar a vista do interior até sua destinação escolhida.

Na maioria das vezes o ônibus viaja vazio. Você imagina ser um desperdício vindo do terceiro mundo onde os ónibus viajam na capacidade máxima de passageiros. No ocidente as pessoas são conscientes das necessidades do milésimo de segundo. Começa e termina.

Em comunidades não orientadas pelo tempo, casamentos, serviços de igreja dificilmente começam e terminam no tempo pré determinado.

3. Cronograma no Tempo dos Negócios

A maioria dos negociantes americanos não tem paciência de enrolar em um venda de negócios por uma semana. Japoneses não têm tanta pressa.Esse contraste traz um pequeno conflito quando esses dois grupos negociam.Os negociantes americanos querem descer de seus jatos, descansar do *jetlag* e fazer negócios.

Ele quem irá marcar a reunião na esperança de manter um cronograma. Os japoneses ainda poderiam enrolar por dias até finalizar a negociação. O americano está furioso por causa de o seu jatinho estar em espera, esperando ele voltar pra casa. Isso não move os japoneses. Para estes o tempo é importante quando o negócio está feito, por horas, dias e até por semanas. A culpa não é deles.

O mesmo serve para os serviços de igreja e outras funções como jantares, cerimônias de premiação ao vivo que transmitem a milhões de telespectadores do mundo todo. Você vê o motivo dos americanos para investir em tempo.

Missionários podem ficar frustrados quando o serviço não começa no horário marcado. Não importa os que chegam no meio do serviço, alguns que só vão para receber as bênçãos.

Olhe bem, Deus não tem pressa, por que a congregação ou o clérigo deveria ter? Como esses diferentes pontos de vista sobre o tempo contribuem para a comunicação por linguagem corporal?

"Assim como o jardineiro cultiva a terra, mantendo-a livre de ervas daninhas, um homem pode cultivar o jardim de sua mente, extirpando todos os pensamentos ruins", escreveu James Allen, autor do livro "O Homem é Aquilo que Ele Pensa".

4. Pontos de Vista Sobre oTempo.

Pessoas diferentes valorizam e veem o tempo de formas diferentes. Tempo é uma comodidade valiosa para gastar e investir para os ocidentais. Bondes tem seu tempo certo de vagar. Viagens aéreas tem o tempo certo de *check-in*. Você não chega em um aeroporto para entrar direto no avião. É esperado que você faça o *check-in* antes de embarcar no avião, confirmar seu voo, sentar na área de espera e aguardar para o embarque e saída do avião.

Se você perde o trem das cinco de volta pra casa e a mulher está em casa brava por você ter perdido outro jantar as seis da tarde. Em comunidades não ocidentais, especialmente na África, a comida é servida quando está pronta. Pode ser qualquer horário entre as oito e meia-noite. Ninguém se importa quando todos vão pra cama de estômago cheio. Esse é o tipo de valor que as comunidades têm sobre o tempo.

Não há um jeito certo ou errado de colocar valor no tempo, ao menos quando beneficia indivíduos ou instituições que completam tarefas. Tempo é visto como começo e término de eventos no mundo Ocidental. No contexto africano, não a diáspora, o tempo é um evento realizado.

Indianos veem o tempo em círculos. Não há um início ou fim específicos. Essas visões diferentes do tempo influenciam a comunicação por linguagem corporal de maneiras diferentes. Tempo também está ligado ao espaço e lugares.

• **Espaço e Lugar**

Vamos mover do espaço domiciliar para a comunidade adjacente a esta antes de colocar seu lugar e espaço no universo.

Espaços Público e Privado

Países, continentes e comunidades que usam energia eólica devem batalhar por uma ocupação na exploração espacial. Tudo começa com espaço pessoal que você pode encontrar no início da seção três desse livro.

- **Posições e Lugares**

Política ocupa uma grande parte da vida humana. É bom mencionar como a linguagem corporal melhora a imagem com o eleitorado. O político fica de pé na frente da audiência numa plataforma elevada. Essa posição do político no pódio indica duas coisas:

Primeiramente, eleva a posição do candidato e, posteriormente, dá ao político uma boa visão da plateia. Você sabe quem é o convidado de honra em um evento? Olhe o arranjo dos assentos.

Palestrantes e estudantes assumem posições específicas na sala de aula. Não só a estrutura dos prédios sugere uma posição elevada, mas o professor em pé na frente da sala mantém os olhos nos estudantes mais rebeldes. Essas posições mantêm estrutura social fluírem sem falhas.

Em qualquer ocasião social que você atende, seja casamento, funerais, campanhas políticas, uma característica constante é o posicionamento. Tem uma mesa central para as pessoas mais importantes no banquete. Assentos especiais são reservados para palestrantes, administradores e membros da instituição. Posições são comunicativas, pois elas conectam as pessoas.

- **Esferas de Participação**

A proximidade que os alunos homens e mulheres sentam próximo uns dos outros é determinada pela educação do departamento de ética de um país. Posição e participação são diretamente ou indiretamente relacionadas através de linguagem corporal. O espaço é relacionado como parte da comunicação com palavras e movimentos corporais.

Nas igrejas rurais, homens e mulheres sentam em fileiras diferentes, mesmo sendo pessoas casadas. Igrejas urbanas são mais liberais e a família se senta junta. Esses são indicativos de comunicação por linguagem corporal.

- **Posicionamento e Design**

Mostre-me uma casa de uma família cristã em qualquer lar africano e mostrarei várias casas na comunidade que são muito ligadas à cultura no continente africano.

Isso não ocorre somente entre cristãos comuns; é uma tendência é uma característica comum no clérigo, líderes leigos e cristãos sentados nos bancos da igreja. Não importa em qual nível hierárquico está na igreja. A posição geral e estrutura de muitas casas são mais culturais que religiosas, por natureza.

Mesmo sendo o arcebispo, bispo, pastor ou cristão comum, as casas africanas assumem certas características assinaladas pela cultura e não pelo cristianismo.

"...não podemos fazer algo sem comunicar alguma coisa", Conclui Hesselgrave. Em pé, sentado em qualquer lugar comunica uma mensagem, e também o contato corporal comunica como descrito no próximo tópico de discussão que concli essa seção do livro.

As mudanças proclamadas pelos africanos cristãos no cristianismo não combinam com a parte cultural. Como você vive uma vida cristã enquanto está enraizado na grossa raiz da cultura? Em qual parte o cristianismo predomina sobre a cultura? Por que a cultura é muito mais dominante sobre o cristianismo em qualquer cultura na maioria das sociedades?

Quando pode se parar de responder o que realmente dita a cultura cobre os cristãos? Essas são questões difíceis que requerem um olhar subjetivo e bem argumentado na vida que determina qual dura por mais tempo, cultura ou cristandade. Esse livro apenas arranha a superfície de como comunicação por linguagem corporal influencia na comunicação humana como um todo.

Espero que continue 'arranhando' pelo resto de sua vida para apreciar e entender, não só como você se comunica pela linguagem corporal, mas também apreciar outras culturas e jeitos de manter uma relação pela comunicação.

Capítulo 5: Linguagem Corporal Social Através de Contato Corporal - Toque

Quando foi a última vez que você tentou tocar alguém?

Uma mãe acariciando seu filho pequeno; dois namorados segurando mãos; um pai colocando sua mão sobre o ombro do filho depois que seu time perdeu são tipos diferentes de toque.

Não é tanto o toque, mas sim o sentimento e pensamento transmitido pelo toque que faz a diferença. Você toca em outras pessoas acidentalmente ou intencionalmente. Mas o efeito não é o mesmo dos três casos acima. Quando alguém toca em você de um jeito especial com um propósito especial como no caso "E Jesus, estendendo a mão, tocou-o", em Mateus 8:3 d'A Bíblia, o resultado é excitante e muda sua vida. O homem foi curado de sua doença. Você tocou em alguém de maneira especial recentemente? Você foi tocado dessa maneira especial por alguém? Esse capítulo foca no significado do toque na comunicação por linguagem corporal e conclui essa seção. Começamos com uma palavra na mão.

Uma Palavra na Mão

Apontar durante uma conversa nos EUA é desrespeitoso. Em outras partes do mundo esse gesto é inofensivo. Homens apontam uns aos outros o tempo todo para se expressar e explicar um ponto. Imagine um árbitro tentando controlar um jogo de futebol, rúgbi, basquete somente por comunicação verbal.

No esporte é ação. Não há tempo para conversas. Instruções e avisos são dados via comunicação por linguagem corporal.

Comportamentos de contato corporal incluem exclusivamente contato visual direto, falar alto ou gritar e proximidade corporal, assim como toque.

Você pode separar em grupos de pessoas em categorias num determinado grupo de contatos.

Linguagem Corporal Durante Cumprimentos

Quais as variações notáveis de contato em comunicação por linguagem corporal? Cumprimentos e despedidas tem as variações mais significantesna linguagem corporal. A reverência japonesa, o aperto de mão americano, abraço ou até beijo quando se cumprimenta outras pessoas.

Hesselgrave no livro "A comunicação transcultural do evangelho" notou durante uma pesquisa que "os Gururumba das Terras Altas Orientais de Nova Guiné se cumprimentam estendendo o braço, costas e pernas e pegando-se nos glúteos".

Esse jeito diferente de se cumprimentar é aceitável naquela comunidade. Se os locais se cumprimentam assim, você deveria estar confortável ao cumprimenta-los assim dentro daquela cultura. Nas ruas de Londres, a não ser que os envolvidos compartilhem uma ligação cultural comum, causaria estranheza. Mas quem se importa. Se não forem os glúteos do cônjuge, não há motivos para preocupação.

Na comédia "Um Príncipe em Nova Iorque", com Eddie Murphy no papel de um príncipe da colônia remota e primitiva de Zamuda sendo um exemplo clássico de comunicação por linguagem corporal. Eddie Murphy está no estádio assistindo a um jogo e observando Liza, a garota dos seus sonhos. Ele precisa ir ao banheiro quando ele conhece um habitante local do seu país de origem. O homem reverencia profusamente pelo respeito de conhecê-lo.

Eddie é modesto, não quer atrair atenção para si mesmo. Ele tenta por o homem de pé novamente, mas os observadores ficam com dúvidas sobre esse ato de reverência ao príncipe. Esse é o tipo de poder que há na linguagem corporal. Não importa onde esteja, se seu cumprimento é um encostar de narizes, esse é o ato que aconteceria com um nativo da sua comunidade nas ruas de Las Vegas, Papua Nova Guiné ou Osaka no Japão. Comunicação por linguagem corporal se estende além do contato casual para o ato de cumprimentar e para o contato corporal.

Comunicação por Contato Corporal

Seu pai está visitando Kampala na Uganda do país acima; você segura sua mão nas ruas para lhe dar conforto e segurança. Não há algo de errado com esse contato corporal nesse país. Mas esse ato é estranho nos Estados Unidos da América.

Em estalagens rurais africanas, nunca se havia ouvido sobre jovens segurando mãos em público. Essas comunidades desaprovam desse contato corporal. Para eles demonstra promiscuidade.

Um ato semelhante de contato corporal não se deve conduzir em centros urbanos. Um abraço, selinho na bochecha, até mesmo beijo na boca pode não ser estranho aos jovens de cidades do terceiro mundo. Mas eu desafio você a usar esse tipo de contato corporal em espaços interioranos. Você presenciará a ira e desprezo dos membros dessa comunidade.

Não há algo de errado em colocar seu braço sobre os ombros de um amigo enquanto vocês andam e conversam pelas ruas. Não no oeste. Você seria reprimido e uma pessoa aleatória pode mandar você ao psicólogo, para conseguir aconselhamento.

Lições da Comunicação por Linguagem Corporal

Qual é o denominador comum em toda comunicação por linguagem corporal discutido nessa seção do livro no que concerne o físico, psicológico e social? Aqui estão três lições que você pode ler e reler de todas as comunicações verbais e não verbais desta seção e em todo o livro.

1. **Apreciação pela Comunicação por Linguagem Corporal**

Temos uma grande necessidade por apreciação de como o movimento corporal e linguagem é usada e entendida em diferentes comunidades. Comunicação tem uma grande extensão nas atividades, roupas, estilo de vida, artefatos e símbolos de adoração.

O uso de anéis nos pescoços das mulheres Masaai no Quênia não deveriam ser vistas como primitivo pelos missionários que se sentem atraídos para espalhar a palavra de salvação. Os batons usados por mulheres modernas demonstram classe, e o propósito pode ser melhor que somente pela beleza, mas também proporciona proteção de rachaduras nos lábios.

2. Estruturas Arquitetônicas

É verdade que o cristianismo e civilização vieram aos países em desenvolvimento através dos países já desenvolvidos. Também foi assim com a arquitetura. Ter uma ideia para a construção de um edifício tradicional para a igreja é uma ideia confortante e bem-vinda, mas consome muito tempo.

Por que não canalizar esse tempo, talento e tesouro a favor do objetivo principal? No cristianismo é o pregar a palavra e ensinar. Na educação, conhecimento e habilidades; na medicina é o tratamento e prevenção de doenças. Esses são os problemas que preocupam os estrangeiros que possuem um objetivo comum e são deixados com barreiras na comunicação por linguagem corporal.

3. Cultura é um Jeito de Mentir

Culturas são dinâmicas e sujeitas à mudança. Nenhuma cultura é estática.

Não há tempo suficiente gasto em discussões de diferentes pontos de vista das interpretações da comunicação por linguagem corporal que substitua o propósito do qual os seres humanos foram postos na face da Terra para servir e serem servidos.

Resumo da seção 3

Essa seção esboça três classificações distintas para linguagem corporal, sendo elas: física, psicológica e social. Você precisa entender quais os diferentes significados da linguagem corporal em diferentes comunidades e apreciar a forma que eles dão esse significado.

Você perderá a importância dada a comunicação por linguagem corporal se você colocar sua cultura como acima das outras, a não ser que você observe e absorva a comunicação por linguagem corporal de outras culturas para lidar com a nova cultura. Qual o papel de obter respostas na comunicação por linguagem corporal? Leia mais sobre o assunto no próximo capítulo (seis) desse livro.

Capítulo 6: Como Linguagem Corporal Afeta a Resposta na Comunicação

A razão pela qual os seres humanos possuem dois ouvidos e uma boca é para ouvirem mais do que falam. Mas você sabe o que acontece na realidade. Quando há muita conversação no ambiente de trabalho, pouco trabalho acaba sendo feito.

Em casos extremos, comunicações(verbal e não verbal) violentas são usadas diariamente na comunicação humana. No livro "Comunicação não violenta: Técnicas para aprimorar relacionamentos pessoais e profissionais" do autor Marshall Rosenberg ele ilustra a influência a comunicação violenta com as palavras do poema "Palavras são Janelas":

"Sinto-me tão condenado por suas palavras,

Tão julgado e dispensado.

Antes de ir, preciso saber,

Foi isso que quis dizer?"

Palavras de condenação não são poucas nos discursos diários, o mesmo acontece com as ações da linguagem corporal. Você pode bloquear os meios de comunicação pelo jeito que você usa as palavras ou movimentos corporais. Você também pode afastar as pessoas de você condenando a comunicação por linguagem corporal delas. Comunicação efetiva leva em consideração todos os aspectos da vida humana, incluindo a comunicação por para linguagem.

Significado é a mente.

Um aperto de mão é um aperto de mão. Esse é o jogo. Mas o significado dessa ação é diferente em vários lugares. A ilustração dada no início do próximo capítulo vai esclarecer as diferentes interpretações e significados associados ao aperto de mãos. A comunidade Gbeya da República Centro-Africana valoriza o silêncio na conversação como é falado no provérbio "A fala é algo interno, quando sai atrai moscas". A hora das refeições tem uma representação especial nessa cultura e comunidade. Pouca ou nenhuma conversa é encorajada durante as refeições, a não ser que seja absolutamente necessário. Silêncio ou pausa tem significados diferentes em várias culturas.

Quais são alguns aspectos visuais da comunicação não verbal?

A resposta provê uma visualização ampla da counicação não verbal em quatro maneiras diferentes:

Quatro Maneiras Importantes da Resposta na Comunicação Humana

1. Ajuda no ajuste da mensagem transmitida;

2. Defende a liberdade de discurso e honestidade;

3. Ajuda na identificação de objetivos alcançáveis; e

4. Age como um motivador.

Comunicação não seria completa sem o sistema dos sete sinais delineados na conclusão do capítulo sete deste livro.

Capítulo 7: : Sete Elementos da Comunicação Efetiva

Um carinho nas costas, uma piscada, um abraço são todos sinais de comunicação por linguagem corporal.

Um aperto de mãos significa muita coisa. É um jeito de reconhecer a presença e o bem-estar daquela pessoa. Você inicia suas conversas com outras pessoas com um aperto de mãos firme.

Junto desse aperto de mãos você pode perguntar sobre a vida da outra pessoa e desejar boa saúde ao outro.

É difícil, mas não impossível, abandonar um costume como esse aperto de mãos. Você ainda pode estar ignorante ao fato de que um aperto de mãos não é uma prática universal comum no mundo. É realmente muito emocionante apertar as mãos de todos. É como estar com sede e desidratado e pensar que pode beber um oceano inteiro.

Mas, enquanto os hábitos do anfitrião lhe fascinam, você pode até esquecer alguns modos de comunicação por linguagem corporal próprios como o seu hábito de apertar mãos. Você não está consciente de que seu aperto de mãos pode ser mal interpretado. Você não vê o que pode estar errado com esse ato.

Como você pode saber, a não ser que alguém lhe diga? Se ninguém diz algo ou lança um olhar de desaprovação, você assume que está tudo bem e fica por isso mesmo. Porém, a realidade sempre vem à tona. O anfitrião pode ser gentil e caloroso e lhe dizer que o aperto de mãos é só para primeiros encontros, e o aperto de mãos deve ser breve. E você vem de um histórico cultural no qual o aperto é longo e firme. Então você pensa que o anfitrião não sabe apertar mãos.

Você precisa ser observador. Pergunte questões diretas para conhecer as práticas e comunicação por linguagem corporal da nova cultura. Você terá mais conhecimento da cultura local, ouvindo dos outros. Pode ser muito tarde para desfazer o dano que você causou nas suas relações humanas.

Seu tempo pode ter terminado paara retornar e reentrar no mundo que você deixou pra trás onde você aperta mãos com o sistema dos sete sinais no processo de comunicação.

SeteElementos da ComunicaçãoEfetiva

1. Escrita

É impossível pegar uma revista ou jornal que não contenha uma imagem ou artigo calculado para inflamar suas paixões nos dias de hoje. Você vive numa geração preocupada com sexualidade. Porém, você eleva seu padrão moral, e luta com sua mente e imaginação com as fantasias sexuais da literatura. Você também possui um par de ouvidos e se liga ao mundo da música.

2. Áudio

"...enquanto a imagem é o meio da declaração, o som é o meio de sugestão" escreveu Alberto Cavalcanti.

O uso do som na indústria cinematográfica continua a se desenvolver com grandes melhoras. O som natural usado no filme ajuda a produção dá a impressão de algo real e sustenta as imagens na tela.

O som também é usado onde as imagens distraem ou quando estas não adicionam valor significante. Diálogo, música e efeitos sonoros são participações comuns na produção de filmes modernos. Áudio tem um papel importante na comunicação.

Você cria imagens no teatro da sua imaginação o tempo todo através de sons e observações. Essas imagens se tornam personagens que comunicam o enredo atuado na sua mente fazendo parte da arte, objetos fatuais da comunicação interna dentro de você.

3. Arte Fatual – Objetos de Comunicação

Escultores usam exemplos históricos e técnicas para aguçar suas visões e aprofundar suas intuições na rica experiência presente no patrimônio humano. Um com exemplo são as esculturas em madeira.

O processo de reduzir a madeira à forma desejada por cortar as partes desnecessárias é vital para o resultado final do produto. Sua percepção das coisas é dada pelas coisas que você vê, o que ajuda a determinar as ações feitas pelas representações pictóricas da vida cotidiana.

Se você quer entender a significância dada aos artefatos, veja os emblemas de estado. Imagine isso: você ganhou a primeira medalha olímpica de ouro do Rio. Isso é seguido pela cerimônia e a bandeira nacional é içada no mastro. Você está diante de milhões de espectadores assistindo todas essas cenas pelo mundo todo para você receber a medalha. O que você pode fazer com suas mãos, olhos, ombros e cabeça? Você não fica só parado esperando receber a medalha. Um homem colocaria a mão dele sobre o peito, um gesto de amor ao seu país, enquanto sua bandeira nacional está voando majestosamente. Uma visão mais perto do rosto do atleta revela sua alegria. Cabeça está ereta. Os olhos focados na bandeira. Tem muita linguagem corporal que você pode testemunhar se a pessoa tirar um pouco do seu tempo para observar profundamente e entender a significância vinculada a esse movimentos corporais.

4. Pictórica

Enquanto dirige para a escola, as placas de trânsito são representadas por imagens. Na transmissão televisiva, as imagens tem papel importante. Primeiro você vê o que acontece. 'Essa é a...(estação) de notícias', as elaborações de gráficos, palavras e imagens.

A legenda e imagem do mundo rodando no seu eixo como uma abordagem científica de cobertura das notícias. Essa abordagem sugere uma cobertura realística dos eventos mundiais, sem viés e diante dos olhos do telespectador. A narrativa visual na televisão é fundamental na documentação de eventos, enquanto a narração oral contribui para a informação.

5. Numérica

As três pedras de cozinhar tradicionais (utilizando um fogareiro) são simbólicas transmitindo unidade e suporte na sociedade. Deixe uma pedra de fora e o fogareiro não funciona. Essa abordagem das três unidades se aplica aos três aspectos da vida humana: físico, psicológico e espiritual, discutido durante todo esse livro.

Esse conceito de três vertentes é melhor descrito por números, simbolizando a santíssima trindade (pai, filhe e Espírito, Santo). Sete é um número de completude. No sétimo dia, Deus descansou. Quarenta é um número de testes. Por quarenta anos os israelitas estiveram em áreas selvagens. Você pode lembrar de números representativos além dessa lista. Mas os números sozinhos não são efetivos na comunicação. Números são acompanhados de linguagem corporal para passar uma mensagem.

6. Cinética – Linguagem Corporal
Figuras públicas, pessoas comuns usam gestos manuais o tempo todo. Árbitros no futebol, vôlei, basquete e rúgbi gritariam até perderem a voz se eles só pudessem se comunicar por palavras com os jogadores e com os outros durante o jogo.

Você acena, aponta, aperta mãos e toca. Essas são demonstrações externas de comunicação por linguagem corporal que está em todo esse livro.

7. Olfatório – Cheiro, Gosto

Você pode não necessariamente ser capaz de distinguir uma colônia da outra, mas se a sua representação interna está sintonizada com a sua visual, você tem uma boa ideia de como um perfume é superior ao outro, mesmo sem o sentido do olfato.

O sistema dos sete sinais apresentados no último capítulo traz a efetividade na comunicação a um círculo fechado incluindo a comunicação por linguagem corporal.

Você pode crescer em estatura, tamanho corporal, mas nunca vai deixar sua criança interior morrer. Tem uma criança dentro de você que treina os vários aspectos da vida humana, incluindo interpretação e apreciação da comunicação por linguagem corporal.

O Provérbio do Velho Testamento adverte "Educa a criança no caminho em que deve andar; e até quando envelhecer não se desviará dele", Provérbios 22:6

Parte 2

Introdução

Você talvez não saiba disso, mas você provavelmente usa linguagem corporal todos os dias durante conversas normais. De fato, linguagem corporal compõe 50 por cento das nossas comunicações. Assim, se você quer aprender a se comunicar bem, você precisa aprender quando, como, e quando não usar linguagem corporal.

Em suma, Linguagem corporal é simplesmente usar formas diferentes de comunicação não verbal para revelar pistas de um sentimento ou intenção não declarado através de comportamento físico. Tais comportamentos incluem movimentos dos olhos, expressões faciais e gestos de postura corporal. Entretanto, enquanto há uma coleção de gestos universalmente conhecidos, a maioria deles é ditada pelas nossas configurações sociais e varia dependendo da nossa cultura. Interessantemente, até animais usam linguagem corporal para se comunicar. Algumas pessoas usam linguagem de sinais e linguagem corporal intercaladamente, mas estas são muito distintas. Enquanto linguagem corporal é um comportamento puramente subconsciente, linguagem de sinais é uma forma de comunicação completamente consciente e intencional.

Este livro irá procurar dar alguma luz na importância de aprender linguagem corporal, assim como as diferentes formas que as pessoas se comunicam usando seu corpo.

Por que aprender Linguagem Corporal
Aprender linguagem corporal vai ser útil em mais situações do que você pode imaginar. De fato, Linguagem corporal pode te ajudar a respeito de acasalar, namorar, ser pai, e em contextos familiares. Você vai estar em uma posição de se conectar mais com as pessoas consequentemente, você também deve aprimorar seus lucros se você está administrando um negócio. A maioria das pessoas passa a vida se concentrando mais no que dizer, e não em como dizer. Dessa forma, aprendendo linguagem corporal você pode expandir as suas habilidades de comunicação e se conectar melhor com as pessoas. Se você pode ser capaz de perceber até os gestos mais sutis que a próxima pessoa faz, você vai entender ela melhor e fazer uma melhor conexão.

A coisa mais incrível a respeito de linguagem corporal é que você pode usa la para determinar o que uma pessoa está sentindo ou pensando.Por exemplo, a linguagem corporal particular de uma pessoapode indicar tédio, entretenimento, um estado relaxado, intoxicação, atenção ou agressividade. Da mesma forma, linguagem corporal é essencial na sua comunicação diária e relacionamentos. Uma empresa precisa disso para o empresariado e a liderança. Você também pode usar isso fora do seu lugar de trabalho. Apesar de a linguagem corporal ser não verbal, ela pode revelar muito sobre os seus sentimentos e intenções a respeito das outras pessoas. Mais ainda, pode até te mostrar oque os outros pensam de você.

Se você é um interprete, reconhecer e se adaptar a linguagem corporal de uma pessoa pode fazer com que os seus negócios deem certo ou não! Imagine este cenário, suponha que você vai ter um encontro com um provável cliente apresentando um acordo particular. Enquanto você está ocupado falando, indo em frente com o seu timbre de voz, o seu cliente está ocupado cruzando os braços, vira o torso na direçãooposta a você e entrelaça os tornozelos, sinalizando desinteresse. Da sua parte você vai para casa pensando,

"Que diabos deu errado?" enquanto você achava que fazia um trabalho excelente.

Enquanto isso, entender linguagem corporal pode te ajudar consideravelmente ao conduzir conversas a respeito de vendas. Abordando a linguagem corporal descrita acima, você talvez seja capaz de salvar o seu acordo e ganhar muito dinheiro!

Para algumas pessoas, aprender linguagem corporal pode contribuir muito para prevenir conflitos. Há um gesto do corpo em particular que a maioria das pessoas usa quando estão chateadas ou com raiva. Percebendo a defensiva de uma pessoa ou linguagem corporal de raiva, você pode detectar quando a pessoa está ficando exaltada e prevenir uma explosão antes que ela aumente. Pense nisso. Quantos comentários negativos ou até brigas você teria evitado ou interrompido se você estivesse bem armado com conhecimentos apropriados de comunicação não verbal? Acima de tudo, aprender linguagem corporal pode desempenhar um papel muito importante a respeito de aprender sobre a sua própria presença.

Você vai se tornar mais consciente dos sinais que você está enviando, como os outros percebem você e o que eles fazem a respeito da sua postura. Assim como isso vai lhe dar uma visão clara do seu próprio corpo. Muitas pessoas não sabem disso, mas a forma que você posiciona os seus braços, a cronometragem das suas conversas quando você inclina a sua cabeça, e tais sinais não verbais falam muito sobre a sua personalidade. Estando consciente da sua própria linguagem corporal, você pode percebe La em ocasiões inapropriadas e ter uma oportunidade muda La! Algumas pessoas até usam o conhecimento da sua própria linguagem corporal para influenciar o seu humor. Por exemplo, se você está se sentindo ligeiramente deprimido, para baixo ou indiferente, apenas se levante, expanda o seu peito e mantenha a sua cabeça alta por dois minutos. Logo você vai perceber que você vai estar se sentindo mais confiante e energético. De fato além de gerar um impacto positive em você mesmo, isso também vai gerar positividade em direção aos outros.

Você já pensou em comprar certo tipo de carro, digamos um Chevrolet?Neste momento, você derepente os vê em todos os lugares; no armazém central, passando dirigindo pelo seu escritório e com um amigo. É claro que o carro não foi vendido derepente uma centena de vezes desde que você se decidiu; É o seu cérebro procurando pelo carro e apontando toda e cada ocorrência sobre o carro. O mesmo vale para a sua linguagem corporal. Há muitas coisas acontecendo em nossas conversas normais das quais você não está sabendo. Pessoas podem mandar mais de 800 sinais não verbais em meros trinta minutos. Ter conhecimento de linguagem corporal pode lhe ajudar a dizer ao seu cérebro o que ativamente procurar, e você vai ficar surpreso com o mundo para o qual você vai se abrir!

Expressões Faciais Universais Conhecidas Globalmente

Certas expressões faciais são agora geralmente aceitas ao redor do mundo para expressar emoções humanas. O uso e o reconhecimento dessas expressõessão herdados geneticamente ao oposto de serem aprendidos ou socialmente condicionados. É claro, tem havido leves diferenças e variações entre tribos vagamente isoladas, mas as emoções humanas a seguir são universalmente usadas e reconhecidas e são parte da sua característica genética:

*Tristeza

*Felicidade

*Nojo

*Medo

*Raiva

*Surpresa

A primeira pessoa a fazer essas afirmações foi Charles Darwin, no livro, "The Expressions of The Emotions in Men and Animals" "A expressão das Emoções no Homem e nos Animais" Há muito tempo atrás em 1872, um livro que surpreendentemente ultrapassou de longe a vendagem da sua obra prima controversa anterior, "The Origin of Species" "A Origem das Espécies". Geralmente, Darwin afirmava que certas expressões faciais são geneticamente herdadas, e que nós temos a habilidade de reconhece Las entre as pessoas. Enquanto todos nós interpretamos linguagem corporal instintivamente a um grau limitado, o assunto é imensamente complexo. De fato, talvez infinitamente, desde que o corpo humano tem a habilidade de produzir mais de setecentos mil movimentos diferentes. Sendo assim, há uma lacuna em potencial para confusão, que talvez autorize algumas considerações, como as seguintes:

Contexto

O contexto da situação vai determinar o significado de uma linguagem corporal em particular, Por que linguagem corporal vai ter diferentes significados em diferentes situações. De fato, você talvez descubraque certa linguagem corporal não significa o que você acha que significa. Por exemplo:

*Se alguém esfrega seus olhos, isso pode ser uma indicação de irritação e não de descrença e cansaço.

*Se alguém cruza os braços, eles podem estar se aquecendo, e não sendo defensivos.

*Se alguém coça seu nariz, isso pode ser uma indicação de coceira e não de esconder uma mentira.

Evidência Suficiente

Um sinal não verbal não é efetivo como numerosos sinais. Como qualquer outra evidência, você precisa de um conjunto de sinais para ter uma indicação muito mais vi da mensagem de uma pessoa do que um ou dois sinais de linguagem corporais isolados. Você está mais seguro não interpretando sinais únicos. Cuidado com sinais múltiplos apoiando uma conclusão geral, especialmente se você está lidando com sinais que tem múltiplos significados.

Cultura/Etnia

É claro que certos sinais não verbais são os mesmos para todas as pessoas, como sorrir, e franzir o rosto. Entretanto, alguns sinais de linguagem corporal são focados para um grupo étnico específico ou cultura. Com cada vez mais sociedades mescladas, você talvez ache útil estar ciente das possíveis diferenças na linguagem corporal cultural. De fato, o atendimento ao consumidor e a equipe de gerenciamento são particularmente suscetíveis a reagir inapropriadamente ou a interpretar errado sinais de linguagem corporal de pessoas com diferentes origens étnicas, especialmente se o mal entendido acontece quando os ânimos estão exaltados.

Idade e Gênero

A maioria dos sinais não verbais é relativa. Por exemplo, quando você faz certo gesto em uma situação particular, ele poderia ter muito pouco ou muito mais significado naquele cenário em comparação a quando usado em outra situação por outra pessoa. Homens jovens em particular tendem a mostrar muitos gestos pronunciados já que eles são naturalmente flexíveis, desinibidos e energéticos, enquanto mulheres mais velhas são menos energéticas e fazem gestos mais modestos. Portanto, quando você está interpretando linguagem corporal, é crucial que você faça isso em termos relativos, mantendo em mente o tipo de situação e pessoa envolvida.

Decepção/Fingimento

Você talvez tenha percebido que algumas pessoas tem uma tendência a controlar sua linguagem corporal para criar a impressão que elas querem naquele momento em particular. Alguns dos sinais potenciais que podem enganarvocê incluem contato visual direto ou um firme aperto de mão para significar confiança. Entretanto, enquanto você pode controlar certa linguagem corporal a algum grau, é impossível suprimir ou controlar todos os sinais que são enviados.Tal como mencionado antes, essa é uma boa razão pela qual você deve evitar interpretar sinais isolados. Tente procurar tantos sinais quanto possíveis, especialmente quando você suspeitar que as coisas não sejam como elas parecem ser. Por alguma razão esquisita, vendedores manipuladores e políticos vêm à cabeça! Estando na busca por pequenos gestos como uma contração no canto da boca, levantamento de sobrancelhas e contração das pupilas pode te ajudar a identificar o verdadeiro motivo e significado por trás de sinais potencialmente falsos. Esses pequenos gestos são frequentemente muito reduzidos,subconscientes e difíceis de perceber, mas é impossível controlá los, assim sua utilidade.

Sinais de Nervosismo, Insegurança e Tédio

Um grande número de sinais corporais indica quando você está experienciando sentimentos negativos, incluindo insegurança, ansiedade, desinteresse, tédio e assim por diante. A única forma que você pode ser capaz de ver tais sinais é imaginar um erro da parte da pessoa em questão. No entanto para uma interpretação efetiva, é imperativo que você veja além do sinal e da pessoa exibindo ele. Considerea situação atual, especialmente quando usando linguagem corporal para gerenciar ou desenvolvimento pessoal.

Se Pergunte qual é a raiz dos seus sentimentos negativos que estão causando os sinais negativos. Frequentemente é a situação e não a pessoa. Os exemplos seguintes são de circunstâncias que podem facilitar sinais e sentimentos negativos em pessoas, não importa quanto fortes e confiantes:

*Se sentir excluído ou estar em uma minoria
*Desconhecimento, mudança, novidade
*Álcool ou drogas
*Doença ou desabilidade
*Falta de comida e bebida
*Tempo frio e condições frias
*Stress
*Cansaço
*Sobrecarregar uma pessoa com conhecimento ou aprendizado
*Dominância de uma pessoa percebida como autoridade, como um professor ou um patrão.

Se pergunte:
>Há algum fator externo influenciando a condição e humor da pessoa em questão?
Evite conclusões precipitadas quando estiver usando apenas análise de linguagem corporal, especialmente quando lidando com sinais negativos.

Tradução de sinais, gestos e outros fatores

Quando analisar linguagem corporal para interpretar intenções e sentimentos, tenha em mente que você não pode se basear em um só sinal. Um conjunto de sinais vai ser de maior ajuda. Por outro lado, você não deve usar somente linguagem corporal para fazer julgamentos sérios sobre as pessoas. De fato, linguagem corporal é um entre muitos indicadores de motivação, significado e humor. Alguns dos sinais abordados aqui têm significados óbvios, enquanto outros não. Mas até os mais óbvios sinais podem ser despercebidos, especialmente quando eles são movimentos sutis em um grupo de pessoas ou quando você tem outras coisas em mente. Tal como, desculpas são de forma a incluir os sinais corporais óbvios neste guia. Também se lembre de que interpretação de sinais de linguagem corporal é relativa para culturas diferentes, significando que o que seja óbvio em certa cultura pode ter um significado completamente diferente em outra.

Linguagem Corporal dos Olhos

Os olhos são muito importantes quando se trata de ler sinais corporais. Todos nós temos uma tendência a ler os olhos das pessoas, mesmo sem nosso conhecimento, e esta habilidade parece ser congênita. O fato de que nós podemos ter uma consciência altamente desenvolvida para ler o que vemos nos olhos dos outros é simplesmente incrível. Por Exemplo, Você pode ser capaz de saber se você tem contato visual com alguém de uma distância inacreditável. Quando você pensa a respeito disso, essa é uma capacidade extremamente incrível.

Os olhos tendem a olhar para a esquerda quando o seu cérebro está se lembrando de alguma coisa ou recordando, e para a direita quando está criando e imaginando.Isso é diretamente proporcional às funções do cérebro; O lado direito do cérebro lida com a criatividade e sentimentos, enquanto o lado esquerdo lida com os fatos e a memória. No entanto, há certas limitações para esta perspectiva. Criar em certas circunstâncias pode significar se situar na fabricação, especialmente quando a pessoa interessada é destinada a recordar fatos. Quando os olhos da pessoa se movimentam para a direita quando afirmando um fato, isso pode significar que ele/ela não sabe a resposta, e não está necessariamente mentindo, mas está falando hipoteticamente, adivinhando ou especulando.

Aqui estão os sinais dos olhos:

*Olhando para a direita – Isso pode significar estar contando uma história, mentindo, especulando, inventando ou criando. Criar aqui simplesmente significa inventar as coisas, indicando ambos, uma mentira ou normalidade, como quando contando uma história para uma criança.

*Olhando para a esquerda – recordando, resgatando fatos, ou lembrando. Em contextos apropriados, recordar e afirmar os fatos frequentemente significa estar dizendo a verdade, mas se os fatos fornecidos são corretos é outra coisa.

*Olhando para a direita e para cima – imaginando visualmente, mentindo, inventando.Isso é diretamente relacionado às partes da criatividade e imaginação do cérebro, e pode ser um aviso de invenção.

*Olhando para a direita de lado – imaginando sons, o que pode incluir inventar ou imaginar o que outra pessoa poderia dizer ou falou.

*Olhando para a esquerda e para baixo – acessando sentimentos. Isso não é necessariamente uma indicação de invenção, mas pode significar que a pessoa está antecipando seus sentimentos sobre alguma coisa, e então vai depender do contexto e outros sinais.

*Olhando para a esquerda e para cima– recordando imagens. Isto é ligado diretamente ao lado esquerdo do cérebro para os fatos e a memória, e não a imaginar e criar.É um sinal reconfortante quando a pessoa deve estar recordando fatos.

*Olhando para a esquerda lateralmente – Lembrando ou recordando sons. Olhar lateral sugere sons, enquanto olhar para a esquerda indica estar se lembrando de algo ou recordando e não imaginando ou inventando.

*Olhando para a esquerda e para baixo – Falando consigo mesmo e racionalizando.

Isso significa reflexão das coisas através de auto conversação, em relação a uma visão exterior em oposição a sentimentos internos.

*Contato visual direto ao falar– Honestidade ou honestidade falsa. É uma indicação geral de veracidade, mas mentirosos que tem prática podem fingir isso muito bem.

*Contato visual direto ao escutar – atenção, atração ou interesse.

*Ampliar os olhos – atração, interesse ou convite. Isso também pode significar choque quando acompanhado de sobrancelhas erguidas; De outra forma isso representa uma expressão aberta de boas vindas. Em mulheres, esse gesto frequentemente aumenta a atratividade e tem sido descoberto estar diretamente relacionado aos olhos dilatados de um bebê.

*Esfregar os olhos – cansaço, descrença, ou aborrecimento.

*Encolher os olhos – frustração. Rodar os olhos para cima normalmente significa irritaçãoou frustração, como se estivesse procurando por ajuda dos céus.

*Pupilas dilatadas – desejo ou atração. À medida que as pupilas parecem se dilatar (se alargar) no escuro, e surpreendentemente então, até ao ver alguém/alguma coisa atrativa ou convidativa. É claro, dependendo do contexto. Por favor, não chegue à conclusão que todo mundo que tem pupilas dilatadas está atraído por você sexualmente.

*Piscar frequentemente – pressão, ou excitação, normalmente além da taxa de piscadas do ser humano de entre 6 a 20 vezes por minuto, dependendo de onde você pesquisa.

*Piscar infrequentemente– várias vezes. Isso pode significar diversas coisas, e é, portantonão confiável a não ser que usado em conjunção com outros sinais. Por um lado, pode ser uma indicação de tédio se os olhos da pessoa não estão focados. Por outro lado, pode ser o exato oposto. Pode indicar foco, especialmente se acompanhado de um olhar concentrado.

*Levantar as sobrancelhas – reconhecimento, ou saudação. Também pode significar medo, nesse caso as sobrancelhas da pessoa vão continuar erguidas por mais tempo, normalmente até que o choque diminua.

*Piscar – Reconhecimento amigável ou cumplicidade assim como quando compartilhando uma piada ou segredo.

Linguagem Corporal da Boca

Levando em conta suas funções, não é surpreendente que a boca é associada a tantos sinais. A boca pode ser obscurecida ou tocada pelos próprios dedos ou mãos de uma pessoa, e é uma parte magnificamente expressivae flexível do seu corpo, tendo um papel central em expressões faciais.Desde que a boca tem mais partes visíveis móveis do que qualquer outro orgão sensorial, ela tem um potencial muito grande de variação quando se trata de comunicação não verbal. Sorrir é uma parte especialmente grande da expressão facial do corpo. Como uma regra cardinal geral, sorrisos reais tendem a ser simétricos e formar dobras ao redor da boca e dos olhos. Por outro lado, sorrisos falsos tendem a ser sinalizados pela boca somente, por alguma razão estranha.

*Sorriso colado – sorriso falso. Este normalmente aparece rapidamente, fica por mais tempo do que um sorriso natural e não se estende para os olhos. Ele usualmente significa concordância forçada,desprazer reprimido.

*Sorriso com os lábios apertados – sentimentos retidos ou segredo, possivelmente por causa de desconfiança ou desinteresse, ou isso poderia ser também um sinal de rejeição.

*Sorriso torcido – sarcasmo ousentimentos misturados.

*Sorriso com o queixo caído – sorriso falso. Esse é usualmente mais praticado, diferente deum instintivo, e o queixo tende a cair mais do que em um sorriso real.

*Sorriso com a cabeça inclinada e olhando para cima – timidez, provocação, ou alegria.

*Lábio de baixo se sobressaindo – Irritado. Isso pode ser irritação genuínaou um ato para prevenir ataque e buscar tratamento bondoso ou simpatia.

*Risada – relaxamento. Enquanto isso é relativamente subjetivo, quando se trata de linguagem corporal, Risada verdadeira significa que a pessoa está se sentindo descontraída ou relaxada.

*Risada forçada – cooperação ou nervosismo. Esse é usualmente um esforço para mudar a atmosfera ou dissipar a tensão.

*Mordendo o lábio – tensão. Esse é um de muitos sinais sugerindo stress ou tensão, e pode ser causado por alta concentração, mas na maioria dos casos ansiedade.

*Ranger de dentes – supressão ou tensão. Isso normalmente acontece quando alguém está reprimindo uma reação natural por causa de medo ou alguma outra inibição.

*Mascando goma – supressão ou tensão. Entretanto, Isso também pode significar refrescar o hálito ou um substituto para o fumo.

*Fumando – Autoconforto. Enquanto isso é obviamente habitual e viciante, às vezes pessoas colocam coisas na boca por que é confortante, como chupar o polegar para uma criança.

*Chupando o polegar – autoconforto. Isso é normalmente uma reação impulsiva nos bebês e crianças, mas pode às vezes persistir até a fase adulta.

*Mastigando caneta ou lápis – autoconforto, assim como chupar o polegar e fumar.

*Fazendo biquinho – Aborrecido ou pensativo. Isso é como se a pessoa estivesse segurando as palavras na sua boca até que esteja pronto para solta Las. Também pode ser uma indicação de impaciência ou ansiedade por não ser capaz de falar.

*Mostrar a língua – rejeição ou desaprovação. É como se a pessoa estivesse provando alguma coisa ruim. Pode ser muito sutil, mas um gesto extremo poderia ser acompanhado com o piscar dos olhos e com o franzimento do nariz.

*Mão posta sobre a boca – choque, abster se, ou supressão. Versões extremas do gesto envolveriam as duas mãos.

*Mordendo as unhas – supressão ou frustração. Isso também poderia ser uma manifestação exterior de stress.

Linguagem Corporal da Cabeça

A cabeça é muito importante na linguagem corporal, e tende a ditar os movimentos do nosso corpo. Você a usa muito em linguagem corporal direcional (Gostar e desgostar), assim como em linguagem corporal defensiva (autoproteção). Sua cabeça tem a habilidade de se virar, se distanciar, se aproximar e se inclinar para os lados, para trás e para frente.Todos esses movimentos carregam um significado oculto. Sua cabeça consiste de cabelo, olhos, nariz, boca orelhas e um rosto, o que torna ela a parte mais poderosa do seu corpo quando se trata de enviar sinais de linguagem corporal.

*Acenar com a cabeça – Concordância.

*Acenar com a cabeça lentamente – Escutando com atenção. Em alguns casos isso pode ser falso.Assim como quaisquer outros sinais, preste atenção em um conjunto de sinais relacionados antes de fazer um julgamento.

*Aceno rápido com a cabeça - impaciência ou pressa. Isso é geralmente uma indicação de que o ouvinte sente que o orador já tomou tempo suficiente ou já concluiu sua ideia.

*Cabeça alta – alerta ou neutralidade. Isso demonstra ouvir atentamente, frequentemente com uma mente indecisa ou aberta, ou sem preconceitos.

*Cabeça erguida – arrogância, audácia ou superioridade, especialmente quando acompanhada de um queixo saliente.

*Cabeça inclinada para um lado – ponderação, submisso ou não ameaçador. Isso usualmente significa interesse, e em alguns casos, vulnerabilidade, o que pode por sua vez demonstrar um grau de confiança.

*Cabeça adiantada e vertical – Reação positiva ou interesse. A regra também se aplica quando a parte superior do corpo de uma pessoa se inclina para frente, se sentando ou ficando de pé.

*Cabeça inclinada para baixo – advertência ou ceticismo, usualmente de uma pessoa de autoridade.

*Sacudindo a cabeça– discordância. Isso poderia também ser uma manifestação de descrença, exasperação ou frustração.

*Sacudir a cabeça pronunciadamente – forte discordância.

*Cabeça abaixada – desinteressado ou negativo. Isso é geralmente um sinal de rejeição, na maior parte das ideias de alguém e assim por diante, a não ser quando se está fazendo alguma coisa como lendo ou notas de apoio. Quando respondendo a criticismo, é um sinal de vulnerabilidade, fracasso ou se sentir envergonhado.

*Cabeça baixa, quando fazendo alguma coisa – cansaço ou derrota. Normalmente este é um sinal de vergonha, perda e fracasso e assim por diante.

É por isso que você normalmente ouve as expressões "Levante a cabeça'' ou "não fique de cabeça baixa".

*Queixo para cima – confiança, desafio ou orgulho. Isso é proximamente relacionado ao sinal "Cabeça erguida". Quando você mantém o queixo para cima, naturalmente expõe o pescoço, o que mostra força, resistência, orgulho, etc. Essa é também uma expressão usada para dizer a alguém para ser bravo.

Linguagem Corporal dos Braços

Geralmente, braços servem como barreiras protetoras quando colocados cruzando o corpo,e transparência quando em posições abertas. Você pode confiar na linguagem corporal dos braços para interpretar humor e sentimento, mas isso pode não ser claro, especialmente quando você tem outras coisas na sua mente.

*Braços cruzados – relutânciaou defensiva. Isso poderia ser causado por umagama de razões, incluindo animosidade severa, preocupação, estar muito cansado ou leve tédio. Entretanto, seja cuidadoso para não ler errado esse sinal, já que as pessoas também cruzam os braços quando estão sentindo frio.

*Braços cruzados com punhos apertados – hostil defensivo. Isso é geralmente um reforço de atenção, falta de empatia ou ousadia.

*Apertando seus próprios antebraços – insegurança, Abraçando a si mesmo para acalmar sentimentos inseguros ou infelizes.

*Um braço atravessa o corpo pegando o outro braço pelo lado (Para mulheres) – nervosismo.

Bolsa de mão segurada em frente do corpo (Para mulheres) – nervosismo.

*Braços colocados atrás do corpo com mãos presas – autoridade ou confiança. Bons exemplos são demonstrações dos membros da família real, Policiais, forças armadas, etc.

*Segurando papéis no peito (Na maior parte) – nervosismo. Esse também é um sinal de proteção.

*Ajustando a manga, gravata, correia do relógio, etc, com um braço atravessando o corpo – nervosismo.Também um sinal de proteção.

*Braços ou mãos cobrindo a região genital (Para homens) – Nervosismo. Também um sinal de proteção.

*Segurar uma bebida em frente ao corpo com as duas mãos – nervosismo, outro sinal protetor de linguagem corporal.

*Sentado segurando uma bebida de um lado com a mão de outro lado – nervosismo. Na maioria dos casos um braço descansa na mesa segurando uma bebida ou outra coisa atravessando o corpo.

*Tocando/coçando o ombro com um braço através do corpo – nervosismo, também um sinal protetor.

Linguagem Corporal das Mãos

Essa é uma parte muito extensiva da linguagem corporal, primariamente por que as mãos são expressivas e interagem com as outras partes do corpo. Sinais com as mãos podem ser usados para diferentes propósitos, incluindo ênfase, e saudações.O dilema é que sinais com as mãos variam significantemente de uma cultura para a outra. Aqui estão os sinais gerais com as mãos:

*Palmaou palmas para cima ou abertas – atraente, honesta, verdadeira, ou submissa. Em alguns casos pode indicar falta de uma resposta ou de confiança. Por outro lado, isso também pode ser fingimento para transmitir inocência.

*Palmas para cima com os dedos apontando para cima – instrução para pararou sendo defensivo.

*Palmas para baixo – dominância, força ou autoridade.

*Palmas para cima e se movimentando para cima – procurando ou batalhando por uma resposta.Enquanto a mão está usualmente vazia, isso normalmente significa que a pessoa está pesando possibilidades (figurativamente segurando uma ideia ou problema).

*Mãos do lado esquerdo do peito (coração) – procurando por credibilidade. Enquanto é fácil ser fingido, a pessoa geralmente transmite uma necessidade de ser acreditado, esteja ela sendo verdadeira ou não.

*Apontando o dedo a uma pessoa – ênfase ameaça ou agressão.Enquanto isso é geralmente aceito de um adulto para uma pessoa jovem, adulto para adulto é errado, e é uma indicação de falta de autocontrole ou consciência social.

*Apontar com o dedo e piscar – confirmação ou reconhecimento. Isso é bem diferente de só um dedo apontado,e também pode ser um gesto de apreciação positiva.

*Apontando o dedo no ar– ênfase, usualmente por alguém se sentindo no poder ou autoridade.

*Balançando o dedo de um lado para o outro – recusa. Isso é reminiscente de balançar uma arma como um sinalde ameaça.

*Balançando o dedo para cima e para baixo – ênfase ou advertência. Neste caso é como apertar uma tecla em um teclado continuamente, ou o botão de um elevador quando ele não vai funcionar.

*Mão cortando – ênfase, especialmente na última palavra, como se para encerrar a discussão.

*Punho ou punhos cerrados – determinação, agressividade ou resistência.Enquanto isso pode ter vários significados, incluindo sentimentos de defesa, negativos ou positivos, a lógicapor trás de um punho cerrado é preparar a mão para a batalha. Entretanto, deve ser muito difícil interpretar esse sinal isolado.

*Polegares e pontas dos dedos tocando um ao outro em mãos opostas – Estar pensativo, procurando uma explicação, engajamento ou conexão. Camaradas muito inteligentes usam esse sinal não verbal já que ele reflete pensamento sofisticado e às vezes elevado.

*Dedos fazendo uma torre apontando para frente – Ponderação e entrave. Quando apontando para frente, este sinal é geralmente usado para indicar pensamento conectivo ou elevado, mas neste caso também age como uma barreira protetora ou de distanciamento.

*Palmas para baixo se movendo para cima e para baixo com dedos estendidos – Pedindo ou procurando calma, ou perda de controle de uma situação ou grupo. Isso é frequentemente visto em encontros agitados e é feito para suprimir ou baixar uma pressão crescente.

*Estalando articulações – comportamento confortante ou buscando atenção, mas depende da situação.

*Dedos entrelaçados apertados – ansiedade, negatividade ou frustração.

*Polegar e dedo indicador se tocando nas pontas – "OK" ou satisfação. Isso é proximamente relacionado ao sinal de polegares para cima e pode ser dirigido para si mesmo ou para os outros.Esse é usualmente o formato que você faz quando pega uma pitada de sal, com o polegar e o dedo indicador se tocando nas pontas e sobrando três dedos bem estendidos.

*Polegares para cima – Tudo bem, concordância ou aprovação positiva. Quando usado com duas mãos é uma indicação mais forte do mesmo significado.

*Polegares para baixo – falha ou desaprovação. Logicamente este é o exato oposto do sinal de polegares para cima. Esses dois parecem ser popularizados nos concursos de gladiadores há muito tempo atrás nas antigas arenas Romanas para indicar o destino dos competidores perdedores.

*Polegar ou polegares apertados dentro do punho(s) – insegurança, frustração ou auto conforto.

*Mão mantida horizontalmente e sendo balançada de um lado para o outro – Balanceado ou indeciso. Isso normalmente é para sugerir que uma situação que é difícil de controlar ou prever pode ir para ambos os caminhos.

*Esfregando as mãos juntas – satisfação ou expectativa, e é frequentemente um gesto consciente sinalizado expectativas positivas.

*Mãos agrupadas sobre a boca– choque ou supressão.

*Coçando o nariz enquanto fala – exagerando ou mentindo. Algumas pessoas dizem que isso é para esconder o avermelhado do nariz quando há maior fluxo de sangue.Isso também pode significar invenção ou suave embelezamento. Você deve prestar atenção nesse sinal especialmente quando a pessoa está recontando um incidente ou evento, a não ser que ele/ela tenha um nariz coçando de verdade.

*Esfregando ou beliscando o nariz enquanto ouvindo – suprimindo comentários ou considerações. Essa é normalmente uma reação subconsciente quando alguém está postergando ou contendo uma opinião ou resposta. Pessoas que fazem isso normalmente tem alguma coisa a dizer, mas estão se abstendo disso.

*Enfiando o dedo no nariz – tendo devaneios, socialmente desconectado, stress ou desatento. A maioria dos adultos tem uma tendência a enfiar o dedo no nariz, mas isso não é geralmente um bom comportamento então eles normalmente fazem isso em particular. Enquanto isso pode significar várias coisas, nenhuma delas é positiva.

*Beliscando o dorso do nariz – avaliação negativa, e é normalmente seguido por uma prolongada piscada única.

*Mãos cobrindo os ouvidos– Resistência ou rejeição a alguma coisa.Geralmente gestos associados com cobrir as orelhas são normalmente um sinal da relutância de alguém em concordar com ou escutar o que está sendo dito.

*Puxando a orelha – se auto confortando ou indecisão. Dependendo do contexto, a maioria das pessoas remexem da sua própria forma quando procurando por conforto. Entretanto, puxar a orelha com outros gestos de suporte geralmente significa indecisão.

*Mãos apertando a cabeça – calamidade. Logicamente, cobrir a cabeça normalmente sugere proteger a cabeça de algum problema ou desastre, como se usando um capacete protetor.

*Mão acariciando o queixo – pensativo, mas é raro entre as mulheres.

*Mão apoiando o queixo ou um lado da face – tédio, cansaço ou avaliação. Você vai normalmente ver isso com pessoas que estão analisando ou avaliando reações, opções ou próximas ações a alguém ou alguma coisa. Quando prolongado com um olhar afastado ou desconcentrado, isso poderia mais provavelmente indicar tédio ou cansaço.

*Queixo descansando no polegar com o dedo indicador apontando contra a face – avaliação. Isso é mais confiável quando se trata de avaliação do que o sinal anterior.

*Coçando o pescoço – descrença ou dúvida. Ninguém sabe de onde esse sinal evoluiu, mas é geralmente usado para desconfiar ou duvidar do que está sendo dito.

*Mão apertando o pulso – frustração, como se alguém estivesse privando a ele ou a si mesmo.

*Correndo as mãos através do cabelo – exasperação, irritação ou estar flertando. Isso vai depender do contexto, mas é geralmente um sinal de flertar. Faça sua escolha.

*Mãos nos quadris – disponibilidade, estar pronto ou confiante. A pessoa exibindo esses sinais está normalmente enfatizando que está pronta para a ação ou enfatizando sua presença. Quando flertando, se acredita que as mãos estão normalmente desse jeito para atrair atenção para a área genital.

*Mãos nos bolsos – Tédio ou desinteresse. Se você tem o hábito de colocar as mãos nos bolsos quando está em situações sociais onde se espera que alguém esteja entusiasmado, isso pode ser um sinal de apatia ou de não estar pronto para agir.

*Removendo os óculos – chamando a atenção para o desejo de alguém de falar, especialmente com pessoas que usam óculos de leitura. Outros sinais para alertar a necessidade de falar são inquietar se no assento, levantar a mão e respirar fundo.

*Tocar um violino imaginário – Tristeza ou simularsimpatia.

*Polegar e dedos no formato de um tubo e balançando de um lado para o outro ou para cima e para baixo (Na maioria das vezes com homens) – expressão de qualidade inferior, insatisfação ou zombaria ofensiva.Se alguém faz esse sinal para você, apenas saiba que isso é um gesto de insultoimitando masturbação. Por razões óbvias, esse sinal não verbal não vai ser efetivo quando direcionado de homens para mulheres, ou vice versa. Além disso, desde que é uma linguagem corporal muito ofensiva, não é geralmente usada em reuniões VIP tais como perto da rainha ou entre membros do clero.

*Sinal de dois dedos em V com a palma para o lado de dentro (NA MAIORIA HOMENS) – desprezo, ou zombaria ofensiva. Esse é um gesto consciente muito ofensivo e agressivo.

*Sinal com dois dedos em V com a palma para fora– paz, ou vitória. Esse sinal foi primeiro popularizado pelo líder Britânico da segunda Guerra mundial, Winston Churchill.

No entanto, ele usou esse sinal primeiro com a palma virada para dentro até que disseram a ele o significado para as classes trabalhadoras!

Conclusão

As pessoas se comunicam mais usando sua linguagem corporal. Portanto, aprender linguagem corporal pode lhe ajudar a saber o que alguém está pensando mesmo sem dizer. Portanto, Lembre se que você não pode usar só uma linguagem corporal para dizer o que alguém está pensando, mas ao invés disso você precisa usar uma combinação de sinais para poder interpretar o que eles estão dizendo.

Se você quiser se inscrever para receber e-books grátis no Kindle quando eles estiverem disponíveis, apenas

www.ingramcontent.com/pod-product-compliance
Lightning Source LLC
Chambersburg PA
CBHW071233020426
42333CB00015B/1453